AF400115

Liebe Leserinnen und liebe Leser,

mit diesem Buch ENTGEGEN DER ZEIT –
KNALLPINK UND GELBER PUNKT
präsentiere ich einen weiteren Band meines
Sammelwerkes.

Die Texte und Erzählungen, Ansichtsweisen
und Thesen, welche ich hier beschreibe fallen
unter meine Gesellschaftskritik.

Da ich Erfahrungen und Situation aus meinem
beruflichen, sowie auch aus meinem privaten
Bereich durchlebt habe, kann ich nun dieses
Buch genauso verfassen, wie ich es Ihnen liebe
Leserinnen und liebe Leser zum Lesen
bereitstelle.

Vielleicht treffen sich manche Wege, vielleicht
gibt es mehr als nur einen Schnittpunkt bei
meinen Erfahrungen und denen der Ihre.

Ich wünsche Ihnen eine gute Zeit und bin auf
Ihr Fazit sehr gespannt.

Herzliche Grüße

Christian Hofmann

1. Kapitel – Gesellschaftskritik

Herstellung und Verlag:
BoD - Books on Demand, Norderstedt
ISBN: 978-3-7519-5898-1

Erster Eintrag – Gedanken

An Tagen wie heute habe ich das Gefühl,
wie schon so lange bekannt und vertraut –
dass, ich mich inmitten eines depressiven
und psychisch gestörten Kreisels befinde.
  Gedanken vom Sinn des Lebens und
Verschwendung meiner Persönlichkeit,
letztendlich auch die Verschwendung meines
Lebens.

34 Jahre kenne ich nun diese Welt, diese
Menschheit und ihre Abläufe. Die reale
Gesellschaft in der ich mich befinde.
Trostlose und menschenleere Hüllen
umgeben mich. Durch mein privates und
berufsbedingtes Leben habe ich die
Menschheit kennengelernt. Hinterhältig,
dreckig, perfide – am Betrügen und am
Stehlen. Sie stehlen nicht irgendetwas –
Nein! Sie stehlen einfach alles!
  Sie berauben sich ihrer menschlichen
Werte, sie berauben sich um jede einzelne
Münze, dabei machen sie aus sich selbst
kaputte, seelenleidende Wracks!

Ich habe in der Industrie gebuckelt! In Schichten mein Leben versucht zu leben. Ich war in der Personaldienstleistung und habe hinter die dreckige Fassade geschaut, dort gesehen wie Menschen ausgebeutet, erniedrigt und seelisch geschrottet werden!
Immer wieder kommen mir Gedanken, diese kann mir keiner übel nehmen und verwehren – ich sehe das Leben so, Menschen die soziales Verhalten aufweisen, sind Menschen, denen man Steine und Stöcke in den Weg legt!

Sei fleißig, respektiere die Lehrer, mache deine Hausaufgaben und benimm dich!
Dies lehrte uns einst einmal die Schule in ganz frühen Kindesjahren.
Die, die nicht diesen Worten folgten und gehörig waren, sind heute jene die uns sozialen und regelbefolgenden Menschen das Leben doch so schwer machen!

Ich war in der Personaldienstleistung und bei verschiedenen Berufsbildungseinrichtungen. Immer wollte ich den Menschen helfen, mit jeder Möglichkeit die ich nur hatte.

Entweder ich war zu sozial und hielt mich
doch an die Worte und Werte die ich einst in
der Schule lernte und habe wohl meinen Job
beschissen ausgeübt oder aber, viele meiner
Mitmenschen sind schon so abgestumpft und
im Arsch, dass sie lediglich ein Werkzeug
sind, egal ob es Verschleiß hat, ob es kaputt
ist.
Es wird non-stopp im Einsatz verbraucht!

Mir braucht niemand erzählen wie unsere
Gesellschaft tickt – oder wie sie
funktioniert!
 34 Jahre, ich bin sehr lange schon kein Kind
mehr!

Diese Zeilen mögen mir Kritik einbringen,
man wird mich anders betrachten womöglich
sogar verachten! Aber man soll wissen, da
gebe ich einen riesigen Pferdeapfel drauf!
 Diese Zeilen die ich verfasse und niemals
beenden werde, sind der Spiegel in den
diese Menschheit allzu gerne nie reinschaut!

Ich habe Herz und Mitgefühl für die, die
kämpfen, leiden, fallen und wieder
aufstehen müssen! Für die, die nun übrig

geblieben sind, euch wünsche ich, dass mein Erbarmen und meine Gesinnung euch Mitleid bringen!

Wenn ihr verliert und am Boden liegt, wünsche ich euch wirklich von Herzen, dass wenn ihr ganz unten liegt auch nicht mehr aufsteht!

Knallpink und gelber Punkt

Dies ist mein Buch, dies sind meine Texte
Gesellschaftskritik –
Gegen Halsabschneider und die Industrie
Ihr werdet gefickt!

Ich wünsche euch von Herzen alles
Alles erdenklich Schlechte
Das ist meine Freiheit, nehme mir sie raus –
Nehme Gebrauch meiner Rechte

Ich schreibe, denn ich schieße nicht
Schreibe dem tollen Bund
Scheiß beschissenes Gremium da oben
Festgehalten in Knallpink und gelbem Punkt!

Perfide Spiele, Geldgeile Triebe
Wir sind das Fußvolk nur der Rest
Ihr miesen Ficker - ich wünsche euch
Einen tiefen Fall und noch dazu die Pest

Ich schreib das gegen euch denn
Ich will, dass keiner vergisst
Beim Gegenwind weht euch da oben
Eure Pisse, eure Scheiße ins eigene Gesicht

Zweiter Eintrag – Gedanken

Ich betrachte mich und das Leben.
Die Ansicht – ich in der Masse, ich im Kollektiv. Jeden Tag betrachte ich die Menschen und mich!
 Ewig im Kreislauf dieser Gesellschaft. Jeder erwartet von mir, dass ich einen Arbeitsplatz habe, dass ich Geld verdiene, dass ich fleißig Steuern und Versicherungen bezahle!

Jeden Tag wird von mir erwartet, dass ich des Systems Zahnrad bin und es im Gleichlauf dreht. Verkettung von Verkettung!
Geld bekommen, Geld zählen, Geld abdrücken!

Dieses Leben macht krank!
 Jeden Tag verrichte ich Dinge die ich gar nicht will! Irgendein scheiß Job – HAUPTSACHE – Kohle kommt rein! Egal ob man leidet und kaputt geht! Das interessiert hier nicht!

Immer wird erwartet...
Aber was erwarte ich eigentlich?
Das fragt niemand, keine jämmerliche Sau
fragt mal nach was ich eigentlich erwarte!?
  So frage ich mich selbst was ich erwarte!

Ich erwarte ein lebenswertes Leben, ein
gesundes und glückliches Leben!
  Kein einsam, erfolgreiches – an der Spitze
vorantreibendes verficktes geldgeiles
Leben!!!

Wir sind nur noch getriebene und gehetzte
Hüllen, Menschlichkeit in uns, sie ist am
Sterben!

Geld zählen

Jeden Tag, so schreibe ich mir die Scheiße
von meiner Seele
Jeden Tag, kotz ich über diese Wege die ich
gehe!

Man hört sich immer nur sagen
Was sie nicht alles von dir erwarten!
Doch was du gerne möchtest – brauchst du
nicht zu glauben, dass sie danach fragen!

Wir leben ein Leben –
In dem wir nur übers Leben reden!
Keiner von uns lebt
Weil jeder nur im Zahnrad dreht!

Geld bekommen, Geld zählen
Geld abgeben!
Kosten, Rechnung, Mahnung, Quittung
Leute – das ist unser Leben!?

An manchen Tagen habe ich die Schnauze so
voll und den Kopf auch –
Dann schreibe ich wutentbrannt und
explodiere, in den Zeilen steigt Rauch auf!

Keiner ist mehr so wirklich glücklich
Geschweige denn voller Freude!
Weil sie uns alles nehmen wollen
Gestern viel, viel mehr noch heute!!!

Und morgen –
Ja daran will keiner denken!
Doch alles was beginnt
Findet auch einmal sein Ende!

Ein „Hallo wie geht's"?
Hat längst schon seine Bedeutung verloren
Niemand mehr da, der noch was wissen mag
Ich sage Gute Nacht, am helligen Tag!

Es geht runter
Langsam aber sicher – die Stufen runter
Keiner will es sehen und wissen
Doch Leute, so gehen wir unter!!!

Katastrophen, Shutdown, Krisen
Der Mensch kann echt nix!
Außer aufeinander schießen!?
Mit Waffen, mit Worten, mit Beschuldigung
Krasser Text, ich bitte um Entschuldigung!

Für einen Lebenstraum
Dafür brauchst du Lebensraum
Doch den bekommst du hier kaum!
Denn die Früchte sind ganz oben –
Sie wachsen am höchsten Baum

Früchte in Form von
Versicherung und Banken
Nehmt ihnen einmal alles weg
Und es gibt wieder neue Chancen!

Ehrliche Worte
Sie werden begraben
Dies ist der Aufgang
Düsterer Tage!

Hier hagelt es Kritik
Doch ich bin nicht das jüngste Gericht
Doch alles was mir nicht passt
Ist das, was hier verankert ist!

Ich bin ein Bürger dieses Landes
Der noch bei vollem Verstand is'!
Ich habe den Durchblick eurer Lügen
Unser Leid zu euerem Vergnügen!

Ich habe die Schnauze voll
Und ich lade jetzt ab!
Ich verschaffe mir mit den Zeilen
Meiner Seele reichlich Platz!

Gekämpft, gebissen, Gerangel
Eingesteckt und zu Boden gegangen!
Ums Leben gerungen, immer gefightet
Vertraut das Gefühl, wenn man leidet!

Gemacht, getan, gegeben, verloren –
Niederlage eingefahren, immer wieder
aufgestanden!
Das Gesicht des Verlierers, es hat mir nie
gestanden!

Regen fällt

Ich habe geglaubt
Mein Leben läuft auf sicheren Schienen
Ich habe auch geglaubt
Ich bin auf ihnen geblieben

Doch bis ich erst einmal begriff
Vieles habe ich verbockt, mir Scheiße
eingebrockt! Trotz dem Wasser bis zum Hals
Aus jedem Mist wieder rausgerockt!

Sicherheit gibt's nicht
Weder auf Bestellung noch auf Kauf
Leben ist wie eine Achterbahn
Wenn's runter geht, geht's auch wieder rauf

Wenn ich durch die Straßen lauf
Lass ich die Gedanken raus –
So baue ich mir, alle meine Träume auf

Es bleibt nicht viel
Entweder fliehen
Doch es steht was auf dem Spiel
Oder also nach vorne ziehen!

An manchen Tagen fällt mir das Leben so
schwer! Graue Wolken ziehen auf
Regen fällt, Dunkelheit wird länger
Ich verliere mich immer mehr!

Die Tage machen mich älter
Lebensträume sind noch da
Doch mit jedem Tag sterben Teile von mir
Ich wünschte mir, meine Träume sind wahr!

Die Träume, die mir Trost und –
Hoffnung in schweren Zeiten schenken
In diesen Momenten bin ich frei!
Ich muss nicht an mein Leiden denken!

Ich weiß ja selbst, zu jammern und im
Selbstmitleid baden bringt mir nichts!
Also suche ich wieder mal den Mut, die
Zuversicht dieses Gedichts!

Ich habe Wünsche und Träume –
Vom Mehr-Sein auf dieser Welt
Dies hier ist mein Leben und erst zu Ende,
wenn der Stern nicht mehr erhellt

Stillsitzen, stillstehen ohne Schreiben
Nein – das kann ich nicht!
Denn in all der Dunkelheit, bringt jede Zeile
Von all meines Schreibens Licht zurück!

Leeres Blatt Papier ohne Zeilen
Ist wie reden wollen, doch man ist am
Schweigen und wenn's Papier gefüllt wird –
So lindere ich die Schmerzen meines Leidens

Dieser Moment, er gehört mir
Dieser Augenblick – ich spüre mich
Ich brauche diese Zeit, das Mittel
Davon abbringen lasse ich mich nicht!

All dieser Fruststau, all das Seeleneid
Dies ist mein Wut-Abbau, meine Zeit!
Alles was mich ausmacht
Mit Tinte auf dem Blatt geteilt!

Das ist meine Welt
Meine Rettung, wenn der Regen fällt
Das ist alles was ich will, in jedem rauen
Sturm bleibe ich, der ich bin!

Welche Gedanken

Welchen Gedanken schenke ich –
Mehr Aufmerksamkeit
Die, die mich zum Himmel tragen
Die anderen treten mich in die Scheiße rein!

All die schlechten Gedanken
Einmal in den Aufzug und nach unten
Mit vollem Karacho ohne Bremsen
Die Letzten beißen die Hunde!

Ich zermürbe mir den Schädel
Über allerlei Sachen
Kenne doch die Gewohnheit schon
Lass mich immer wieder packen!

Dieser verdammte Druck im Kopf
Anspannung an Haut und Körper
Neurologische Phantome –
Gedanken-Quälerei, unsichtbare Mörder

Ich will weg, ich will raus
Schwarzweiß, male ich bunt jetzt alles aus
Farbenfroh statt leeresweiß
Ich will leben, was ein Scheiß!

Meine Psyche hat schwer gelitten
Innerlich verstümmelt und zerschnitten
Von außen da ist nix zu sehen!
Ihr müsstet mal in mir spazieren gehen!

Woher es kommt, wie es dazu kam?
Immer durchhalten zu müssen!
Innerlich schon halb gestorben
So schmecken des Todes Küsse

Alles im Leben ist so begrenzt
Dem Ganzen zu sehr bewusst
Kann nix dafür wie ich fühle
Immer nur gehört, du musst, du musst!

Der Rotzverlag aus Anderswo

Meine Müh und mein Lebenswerk
Steckt in allen meinen Zeilen
Aus Freude an der Literatur, möchte ich
immer gerne meine Texte teilen

So suchte ich mich einen Verlag
Ich war sehr froh, denn ich einen fand
Der Schriftsteller und sein Publikum
Ist doch was ich wollte, mir im Sinne stand

Aus Herzblut und Liebe zur Sprache
Schreiben, dichten und kreieren
Reime und Gedichte
Mit allen meinen Zügen verzieren

Ich fand einen Verlag aus Anderswo
War ich ein guter Kunde, kein Autor!
Ich diente nur zum Gemolken werden
Kein Wert beschert auf meine Werke!

Nicht besser wie eine Personaldienstleistung
So beschissen mies war dieser Rotzverlag
Hab gedient um dessen Taschen zu füllen
Gaunerhaft, wie man es nicht denken mag!

Der Rotzverlag aus Anderswo
Liegt im Süden der Landeskarte
Freute ich mich über mein eigenes Buch
Doch es war nur eine Euro-Streckenwarte

Der Rotzverlag, der Rotzverlag
So wie ich ihn nennen mag!
Kommt aus M im tiefsten Süden
An meinem Tun, er will sich vergnügen!

Dieser miese Rotzverlag –

Unfaires Handeln
Traumhaft geblendet
Zweiseitiges Gebälk

Lausiges Betreiben
In einer dummen Art und Weise
Traumhaft geblendet
Erlös-Verblendet
Rotzverlag Sondergleichen
Am Rande der Räuberbande
Rotzverlag mit Sonderzeichen
Erlös entwendet, Autor verschwendet
Ominös, bedenklich, zweifelhaft
Nein, einfach nur echt ekelhaft!

Dritter Eintrag - Gedanken

Gedanken über unsere Gesellschaft, hinsichtlich der toll betrieben Verwaltungen. Man muss echt schon Anleitungen und wie eine Art Packungsbeilage lesen um Anträge und Formulare zu bekommen, sie ordnungsgemäß bearbeiten und noch an die richtige Stelle sendet...

Bei all dem Formularwesen und Amtsgängen... dazu sind mir folgende Zeilen durch den Kopf gegangen.

Niederschrift

Du kannst alles kriegen
Was auch immer dir zusteht
Du musst nur wissen wo alles steht –
Wie alles geregelt ist und wissen wie es geht

Das ist eine Gesellschaft
Für alles Belege, Quittung und Formulare
Ein mühsames und elendiges Vorgehen
Bei allen amtlichen Sachen

Willkommen im Land der Formulare –
Der Belge, Faktoren und Zertifikate
Willkommen im Land der Scheine
Anträge, Schecks – große wie auch kleine

Willkommen in der Büroverwaltungskasse
Im Papierstau, Aktensystem-Schlamassel
Willkommen in der Antragsteller-Warterei
Immer hintenanstehen, von vornherein

Vertraglich, sachliche Gliederungen
Für mahnhafte, beschissene Erniedrigungen
Manche Lügen sind so offensichtlich
Für Rechtsstreit – habe am besten immer
alles schriftlich!

Mündliche Dinge
Sie sind wie wir wissen nur wenig wert
Ohne Niederschrift
Sind sie überhaupt nix wert!

Im Verzeichnis der Paragraphen
Vielleicht mal ein Hoffnungsschimmer!?
Alles nur im Zwielicht, ein Geflimmer
Los ab, geh mal ins Hinterzimmer!

Farbenfreude

Vielleicht klingen diese Zeilen
Nahegehend und etwas krass –
Doch alles was mich einengt
Es wird hiermit freigesprengt

Vielleicht bist du zart besaitet
Dann bist du wie ich
Denn ich bin jemand, der an so manchen
Tagen im Leben leidet

Ich lebe für meinen Wunschtraum
Für mein Traumziel
Sie sind tief bis zu meinem Tod in mir
Und ich kämpfe für mein Lebensgefühl!

Vielleicht sind diese Zeilen
Eine Glücklichsein-Theorie für den Tag
Denn ich denke, wenn ich morgen sterben
würde, würde ich doch heute leben wie ich
es will und ich es mag!

Schwer zu erklären was ich denke
Aber der Tod ist doch unser Ende!
Angst, Leid, Panik sind Zweifel, zweifelfrei
Also denke ich dieses Gefühl, dann bin ich
frei

Keine Therapie
Keine Gedankenstrategie
Ist stärker als meine Vorstellung
Ja genau die!

Würde ich heute leben, mit dem Wissen –
Morgen für immer zu gehen
Würde ich doch unbeschwert leben
Und mein Leben in Farbenfreude sehen!?

Wisst ihr was ich meine?
Ich versuche es zu beschreiben
Lebe jeden Tag, als ob's dein letzter ist
Vielleicht befreit es dich genau wie mich!

Befreiung von dem Stress und der Hektik
Von dem Umklammern, von allem zu viel!
Es ist unser Leben, es ist unsere Zeit
Wir bluten und kotzen, schon lange zu viel!

Bis du 90 bist!

Ich spreche jetzt einmal brav
Als Bürger – der Politiker Zunge nach
Sei froh, dass du jeden Tag deines Lebens
Arbeit hast!
Brauchst weder Freunde, Familie, soziale
Kontakte, dir reicht der Arbeitsplatz!

Du darfst malochen für uns –
Für deinen tollen Vaterstaat
Bringst uns deins, also unser Geld
Das ist unser schönes Prinzip
Das kleine, dumme Schäfchen
Immer fleißig in die Staatkasse zahlt!

Altersarmut, ja meine Güte!?
Dann arbeite doch bis du 90 bist!
Wo ist denn das Problem?
Ihr macht da eins, wo keines ist!
Dir ist doch schon seit der Kindheit bekannt
und bist sie gewohnt – deine Pflicht!

Spar' mal lieber ein bisschen Geld
Denn wir im Palast in Berlin wissen –
Es gibt mehr als nur genügend auf der Welt!
Rentner, Kinder, kranke Menschen

Ihr wollt etwas zum Leben haben?
Ihr könnt froh sein, es gibt Brot für die Welt
und auch die Tafel!
Was sollen wir euch denn noch bezahlen!?

Fremdbestimmung

Habe 1000 Gedanken
Die durch meinen Schädel ziehen
Sie sind auf Krawall
Denn sie wollen in die Freiheit fliehen

Jeden Tag laufe ich
In die Arme der Fremdbestimmung
Ich will doch endlich
Nur meine Selbstbestimmung!

Jeder neue Tag ist einer –
Der dem vergangenen gleicht!
Es ist mein Leben, meine Zeit
Die mir so durch die Finger streicht!

Ich höre so viele Stimmen
Doch keiner erhört meine
Alle sagen was ich zu tun und lassen habe!
Es kotzt mich an, schon eine ganze Weile!

Leben verballern, verschwenden, verheizen
Kohle muss her, auch wenn ich leide!
Ganz unten in der Nahrungskette
Boxe mich nach oben, war brav an der Seite!

Ich boxe mich mittendurch
Schlag links, schlag rechts, Sprung nach
oben
Egal wie tief der Fall sein kann
Immer wieder aufstehen von unten,
vom Boden!

Digitale Überwachung

Dies ist eine Meldung des
Hochsicherheitstraktes
Das ist das digitale Alcatraz
Dies ist todernst – ohne Spaß!

Ich berichte aus der
Kommandozentrale
Aus dem Laboratorium
Das geht nach außen, von der Innenanlage

Schönes Leben
Eine wirklich schöne Welt
Das sagen wir uns doch immer wieder
Doch belügen wir uns nicht dabei selbst!?

Mord und Totschlag
Gewalt und Tod, Schande der Mutternatur
Unsern Frieden und unsere Ruhe
Finden wir doch wirklich, in 5 Min. am Klo!

Pfandflaschensammler

Sie laufen auf der Straße herum
Suchen Pfand im Müll und betteln rum!
So werden sie gesehen und empfunden
Keiner kennt ihre Geschichte, ihre Wunden

Sozialer Abstieg, Schicksalsschläge
Das Holz im Sägewerk, es fallen Späne
Maßnahmen durchs Arbeitsamt – was keiner
wissen will, ist die Seele vielleicht krank!?

Arbeitsgemeinschaft
Immer unter Volldampf
Leistungsgesellschaft
Angespannt und total verkrampft

Geile Gesellschaft denn alle keulen
Jeder meckert, aber keiner macht was
Solange dies so bleibt –
Ändern wir nix, klare Sache – so ist das!

Steuersünder, Doppelkonten
Kleine fängt man, die Großen lässt man
laufen, Menschenseele verdorben wie vom
Teufel, er scheißt auf den größten Haufen!

Wie oft begegnen mir Menschen –
Auf der Straße, ohne Bleibe ohne Geld
Traurig und leer die Blicke, bei allem Leid
Wie viele Seelen schon zu Teer gefällt?

Menschen die auf der Straße pennen
Vor Sehnsucht und Hunger ihre Augen
brennen, so viel Verzweiflung und Hilf-
losigkeit, die Leiber da oben, fettgestopft zu
jeder Zeit!

Verifiziert – Pseudonymisiert

Personalisierte Daten
Buchstaben und Zahlen
Pseudonymisiert sind alle Angaben
Identitätskontrolle abfragen!

Alles rein –
In die Datenbank
Alles verschlüsselt und verriegelt
Finde den richtigen Schlüssel
Für den entsprechenden Schlüsselschrank
Dann mache ihn dran,
ans Schlüsselband

Nachrichteneintrag
Kontrolliert
Abgleich erstellt
Dokumentiert

Richtigkeit geprüft
Verifiziert
Alles abgehakt
Kommission zertifiziert

Arbeitslos = Asozial?

Ich bin nicht arbeitslos
Gelte ich also als nicht asozial?
Beneide ab und an die Leute die ohne Arbeit
sind, die haben Zeit und keinen Druck!
Bin ich jetzt nicht mehr sozial-normal?

Wer ist normal und asozial?
Wer ist sozial und wer ist unnormal?
Sind die ohne Arbeit nicht einfach nur
anders, denn es ist ihre Wahl!?

Erziehung, das schlechte Gewissen
Pflichtbewusstsein, im Wesen die Moral
Arbeiten uns ins Burnout, manövrieren uns
ins psychische Leid, na prima! Wunderbar!

Das Konzept ist eine riesige Scheiße!
Und es stinkt doch bis zum Himmel
Gerechtigkeit war niemals vorhanden
Gleichgültigkeit, sie ist das Schlimme!

Hätte ich ein Dach über dem Kopf
Ohne Luxuskacke und wäre gesund
Wäre mein Leben vielleicht vollkommen!?
Kritisiere oder halte bitte deinen Mund!

Ich weiß meine Ansicht
Meine Gedanken sind nicht passend für dich!
Aber sie sind meine, es ist mein Leben
Und meines, ist doch deines nicht!

Kohorte

Es ist doch so, wie es immer ist
Gesucht wirst du, ob du schuldig bist!
Richtlinien, Verordnung und Parameter
Es wird geahndet nach jedem Fehler!

Es wird detektiert
Aller Vorgang, er ist strukturiert
Die Frage ist –
Sichtbar oder pseudonymisiert!

Evaluation, Intervall
Sonderfall, ein Riesenknall!
Es hagelt an Begrifflichkeiten
Es geht darum, die Schuldigkeit zuzuweisen!

Wo lag denn nun der Fehler
In welcher Ebene der Hierarchie
Zertifizierte Stelle
Alles in Ordnung, denn sie sind es nie!

Es wird immer unterschieden
Auserlesen ist so manche Sorte
Wo stehst du im Stammaufbau
In der klassifizierten Kohorte!?

Getaktet

Fühlt sich an,
als wäre es nicht mein Leben
Ich bin da und auch nicht
Sehe mich, denn ich stehe daneben!

So viel was ich erlebte,
was ich merkte und alles weiß
Ich weiß was ich will
Oft fühle ich mich, wie auf dem Abstellgleis

Mein eigenes Leben an manchen Tagen
fremd, aber bin ich mir doch vertraut
Wie ein anderes Leben
In meiner eigenen Haut!

Die nennen es Sicherheit haben
Mich engt diese Scheiße maßlos ein!
Die meinen es sind Routineabläufe
Ich fühle, als schließt mich dies alles ein!

Getaktet und Timing
Alle Sekunde, jede Minute in der Stunde
Das ist komplett kontrollzwanghaftes Leben
Vom ersten bis zum letzten Glied im Bunde!

Stempel und Stempelkissen
Stechuhr, zum Kommen und zum Verpissen!
Alles da, alles vorhanden in superhoher
Qualität, nur die Menschlichkeit, sie fehlt!

Jeden Tag das gleiche Leben
Jeden Tag das gleiche Leiden
Jeden Tag bin ich mich am Quälen
Weit entfernt von meinem Heilen!

Jeden Tag der gleiche Mist!
Jeden Tag verstreicht die Zeit
Jeden Tag ein Teil am Sterben
Alles bis zur Rente, wenn ich sie erreich'!

Fragt doch bitte nicht!

Euch allen passt immer nicht
Worüber ich spreche und was ich sage
Dann seid doch bitte mal so freundlich
Und spart euch eure abgefuckten Fragen!

Tut euch einen Gefallen
Und mir somit gleichermaßen
Spart euch das gute Zureden
All diese schleimverschmierten Phrasen!

Was wollt ihr eigentlich hören?
Die Unterdrückung meines Leides
Um eure Ängste zu stillen,
die euch heimlich doch immer betören!?
Auch ich kannte diese Stimmen und wisst ihr
was!?
Ich kann und will sie nicht mehr hören!

Ich soll nur funktionieren
Das beschissene Geld verdienen
Leid und Kummer der hängen bleibt
Bleibt doch auf meiner Seele liegen!

Ihr zieht die Fäden
Und ihr drückt den Knopf
Ihr macht Millionen und meine Welt
Ja nur meine steht ja bloß auf dem Kopf

Lieber ein Onkel, als ein Knecht

Startkapital – NEIN! Scheißjob, armes
Schwein!
Die Musik, das Singen - nur Träumerei
Gefühle könnten explodieren –
Willkommen in mir daheim

Keiner versteht mich
Keiner kann und will mir helfen
Ich habe es auch nie verlangt
Aber lasst mich in Ruhe, man und nervt
nicht!

Ich hörte und höre so oft die onkelz
Hörte als Knecht durch die Musik mein
Recht!
Es ist mein Leben, kann alles sein und
werden
Deren Sicherheit ist für mich ein innerliches
Sterben!

Frust, Kummer, Hass und Leid
Staut sich auf in mir seit langer Zeit
Bin ich einfach nur undankbar?
Werdegang top, innerlich am Verrecken,
wunderbar!

Ich habe Träume und Ziele
Und ich weiß ja verdammt, die haben viele!
Doch das Schreiben ist mein Leben geworden
Mein Wesen, mein Ich, haben andere
ermordet!

Ich war nett zu allen und zu jedem
So oft nix genommen aber immer nur
gegeben
Das hier soll nicht im Selbstmitleid saufend
untergehen
Doch dies ist Frust und nur ich allein, ich
kann ihn verstehen!

25.000 **Leben**

Wäre jeder Tag ein neues Leben
Würden wir jeden Tag neue Wege gehen
Das was gestern war –
Es würde heute nicht mehr zählen

Der Mensch ist anwesend
Doch nicht am Leben
Er ist beschäftigt
Mit Vorschriften und Regeln!

Paragraph und Verständlichkeit
Rechtskräftig für Streitigkeiten
Unsere Gesellschaft –
Seit Jahr und Tag, seit Ewigkeiten!

Im Schnitt biblisches Alter
Es sind so ca. 70 Jahre!
Wie viel ist gelogen und gespielt!?
Wie viel Prozent das Wahre!?

Wir leben, wir blenden
Wir spielen und wir verschwenden!
Gespielte Freundlichkeit
Es ist nicht viel, was von uns übrig bleibt!

Wie es immer gemacht wird

Alles wird gemacht, wie es immer gemacht
wird – Dadurch ändert sich nix!
Ist wie, wenn man dumm geboren ist und
dumm stirbt!

Keiner denkt mehr groß nach
Sondern führt doch nur noch aus!
Leben im Hamsterrad
Entweder drehe durch oder spring raus!

100-mal läuft alles richtig
1-mal läuft etwas verkehrt
Das ist wie wenn, der Bus –
Vor deiner Nase dir abfährt!

Vieles wird gelehrt
Was der Realität aber gar nicht entspricht!
Das ist wie vorbereitet sein aber –
Der Inhalt, der ist nicht ganz dicht!

Das alles hier ist, nach Schildern folgen
Immer nur reden, aber eigentlich fragen
wollen! Formular, Dokument, Antrag schon
gestellt!? Rechnung längst bezahlt,
Lieferverzug, ist doch längst bestellt!

Vertragsabschlüsse
Geschickt ausgewichen allen Fragen
Das ist verarscht werden man!
Nach Strich und Faden!

Diese Gesellschaft
Dies ist ein buntes Treiben
Beschäftigt muss ein Jeder sein
Woche für Woche in allen Zeiten!

Spiel des Lebens
Finde deinen Platz in der Gesellschaft
Unteres Fußvolk, bekommt Lohn –
Wird aber um seinen Verdienst gebracht!

Pro und Contra

Diese Zeilen sind für –
Wem Gebete nicht mehr helfen können!
Wo das Salz in die Wunde gießt
Und die Schmerzen wie Feuer brennen!

Das hier ist gegen –
Alles was für den Arsch ist
Das hier ist dein Pro!
Wenn du dein Contra sprichst!

Dies ist das Bekräftigen fürs Tun
Gegen die, die es kacke finden
Lass es uns tun, dass die Ficker,
direkt wieder verschwinden!

Das hier ist ein großes Werk
Ohne großes Übertreiben
Trotzdem jederzeit am Mann
Und auch am Ball zu bleiben!

Aus der Ferne
Bis zu nächster Nähe sehen
Das ist fürs Feststellen,
besser getrennte Wege zu gehen!

Das hier hilft dir beim:
„Kotz dich aus" – bis es dir besser geht
Achtsam sein, aus welchem Gerücht –
Der Geruch der Scheiße weht!

Den Tisch gedeckt für:
„Fress dich satt – auf einem Bein steht man
nicht"! Schnauze halten Ficker,
wenn du gar nicht gefragt bist!

Das ist ein beschissenes System, verdammt
die sind gestört!
Ein lauter Bums, es macht rums! Doch die
ham' den Knall nicht gehört!

Drehzahl, hier dreht die Scheibe
Stetig im Rundlauf!
Scharfgespitzte Zähne, hier nimmt man
nicht jeden Scheiß in Kauf!

Man! Hier läuft echt alles andere als
fairtrade! Das ist, wenn man immer nur Gas
gibt – ohne zu merken,
dass man sich total verfährt!

Das ist das Gefühl von –
„Scheißegal“
Ach alles halb so schlimm!
Bleibt ja keine allzu große Wahl!

Sein bisher halbes Leben
Gleicht einem ganzen Drama
Untergang und Aufstieg
Das Leben einer legendären Saga!

Das hier ist der Weg –
Der 1000 Gefahren!
Hauptstraße verlassen
Feldwege befahren!

Das hier ist gegen verdammt noch mal
„Null Bock und LMAA“
Hier ist <u>ACHTUNG</u>! Unterstrichen
Denn hier nach kommt's Dilemma

2. Kapitel – Zappenduster

In einem meiner Träume
Flut und Sturm
Zu hartem Gestein
Schlaflos in der Nacht
Drang und Zwang
Teil der Gesellschaft
Tiefer Fall
Wird die Welt wohl nicht verstehen
Desinteressiert
Blog an Gott – Schwere Zeit
Entgleiste Freude
Die dunkle Seite
Blog an Gott – Zeichen

In einem meiner Träume

In einem meiner Träume
Da bin ich gestorben
Ich wachte auf in einem anderen Leben
Frei von Angst und Sorgen

Ich ging nicht umsonst –
Durch die Hölle und den tiefen Graben
Die Rechnung werde nicht ich,
sondern nur der Teufel zahlen!

Ich bin gestorben
In einem neuen Leben erwacht
Ängste und Sorgen haben mir,
mein Leben immer schwer gemacht

Ich bin gestorben
In einem meiner Träume
Die dunklen Ecken
Diese folterleeren Räume

1000 Tode im Leben gefühlt
Doch in diesem einen Traum war ich
gestorben, es war der Ritt durch die Hölle
Erwacht an einem neuen Morgen

Das Leben hat mich umgebracht
Der Tod hat mir den Atem genommen
Bin im Traum gestorben
Danach hat alles neu begonnen

Versuche nicht zu verstehen
Was du nicht verstehen kannst
Im Tod von meinem Traum
Starben die Sorgen und die Angst

Ich bin nicht krank! Ich habe nur,
die Wahrheit geblickt Gott sei Dank!
Dies versteht nicht jeder –
Doch vielleicht hast du es erkannt?!

Flut und Sturm

Hier sind düstere Geschichten
Alles andere als schöne Legenden
Hier ist, wo die Träume sterben
Weil hier die Leben enden!

Wenn Ängste und Sorgen beginnen
Dich in den Wahnsinn zu treiben
Bleibt dir nur, dem Spuk ein Ende zu setzen
Es ist keine Option zu bleiben

Blicke der Angst ins Auge
Dem scheußlichen Gefühl auf den Kern
Mach dich los auf die Reise
Schaue hinauf zu deinem leuchtenden Stern

Folge ihm durch Nacht und Nebel
Der Flut und dem Sturm entlang
Gehe ohne Furcht voraus, glaube an dich
Denn du kommst an!

Zu hartem Gestein

Ich möchte gerne mehr vom Leben
Mehr als täglich nur zu leiden!
Quälende acht Stunden, es drückt und zwickt
Und das echt von allen Seiten!

Jeden Tag so zu tun, als wäre alles gut
Und es ist ein Sonnenschein
Das strengt mich an, kostet Kraft
Meine Kraft so ungemein!

Geld! Geld! Geld!
Geld! Geld! Geld verdienen
Geld! Geld! Geld
Geld! Ist alles was mir in den Ohren liegt!

Ich bin innerlich am Sterben
Schon seit so langer Zeit
Kummer und Schmerz drückt aufs Herz
Nichts lässt nach, unendliches Leid!

Ich halte es nicht mehr aus
Ich schreie tief in mich hinein
In mir geht's nur bergab
Der Schmerz wird zu hartem Gestein

Schlaflos in der Nacht

Ich verliere mich
Wo ich mich doch grad gefunden hab‘
Schlafe am Tag
Weil ich schlaflos bin in der Nacht

Mein Weg führt abwärts
Dabei blicke ich doch nach oben rauf
Jedes Mal, wenn ich gefallen bin –
Stand ich doch immer wieder auf!

Es fällt mir so schwer
Und es wird immer mehr!
Oft habe ich das Gefühl
Verdammt ich kann nicht mehr!

Warum ist mein Herz so schwer?
Warum fällt mir alles so schwer?
Der Kopf ist voll und doch,
zugleich auch wieder nur leer!

Manche Tage sind so fremd
Zu bleiben ist so hart!
Sein wo man nicht sein will –
Das ist wie eine Geisterfahrt!

Vielleicht klingt das witzig
Doch lustig ist anders!
Das hier ist ernst
Ein Leben ganz ohne Spaß!

Drang und Zwang

Ich höre sie immer sagen
Weil sie immer dasselbe reden
Alles was doch so wichtig sei
Glücklich zu sein im Leben

Jeden Tag quäle ich mich
Mindestens diese acht Stunden lang!
Was ich vorfand war nichtsuchend
Was ich will, dies bietet mir niemand an!

Wo bin ich, wo will ich hin
Was stimmt mit mir nicht?
Bin ich etwa nicht normal!?
Ich will die Lösung, doch ich finde nichts!

Jeden Tag die gleiche Qual
Von der Früh bis zum Ende spät!
Fühlt sich nicht wie Leben an –
Alles verdreht und es läuft verkehrt!

Ich habe Ideen, Anleitungen im Kopf –
Zu meinem wahren Glücklichsein
Doch man lässt mich nicht
Dieses Leben wird nie meines sein!

Ich suche und ich suche
Doch was hoffe ich zu finden?
Vielleicht bin ich die Lösung
Doch was muss ich überwinden!?

Teil der Gesellschaft

Ich bin der Stachel
In eurem beschissenen Nest
Ihr seid der Abschaum
Ich wünsche euch die Pest

Ihr seid der Teil der Gesellschaft
Auf den wir verzichten können!
Ich schütte gern Benzin nach
Wenn die Konstrukte brennen!

Ihr tragt den Teufel tief in euch
Ihr verseucht das ganze Land
Ihr vergiftet wahrlich Seelen
Herz setzt aus, Gier benebelt den Verstand

Nichts hat ewig Bestand
Auch nicht eure teuflische Instanz
Es wird erbeutet und ergaunert
Mit verbrannter Haut am Feuertanz!

Ihr seid der Teil der Gesellschaft
Auf den wir verzichten können!
Ich schütte so gerne das Benzin nach
Wenn all die Konstrukte einmal brennen!

Tiefer Fall

Den einen Tag steht meine Welt in Flammen
Meiner Welt droht der Untergang!
Den anderen Tag scheint die Sonne
Alles blüht auf für einen Neuanfang!

Bin ich doch sehr froh
In meiner Welt zu leben
Alles was ich brauche, weiß ich
Wird es hier auch geben!

Tiefer Fall
Um neuen Schwung zu nehmen
Voller Traurigkeit
Um wieder mein Leben zu fühlen

Das ist die Depression
Voll und ganz in allen Zügen
Die Wahrheit sie verschwimmt
In einem Zirkel voller Lügen!

Das Leben und der Tod
Freude und Leid
Alles vermischt sich
In der Begrenzung meiner Zeit!

Wird die Welt wohl nicht verstehen

Was ist mit mir passiert?
Was ist in mir geschehen?
Ich habe mich gefunden!
Doch das wird die Welt wohl nicht verstehen!

Was ist geschehen, wo bin ich hier!?
Was ist geworden, es rebelliert in mir!
Ich habe Pläne und Ziele
Doch bin ich am falschen Platze hier!

Ich mache eure Drecksarbeit
Ihr glaubt ich merke es nicht
Bin auf dem Weg, nur an meinem Ziel –
Da bin ich noch nicht!

Gibt so vieles was ich kann
Aber nix davon, was ich auch will
Manchmal fühle ich mich beschissen
Alles schreit in mir, doch ich bin still!

Habe 1000 Wege schon überwunden
Unzählige qualvolle Stunden!
Auf der Suche nach dem Lebe immer wieder,
geradezu in die Scheiße getreten

Immer und immer wieder gekämpft
Meine Seele ist am Arsch
Ich ging kaputt auf diesen Wegen!
Vielleicht kann ich leben, wenn ich beginne
aufzugeben!?

Keine Angst mehr vor dem Fall
Ich lasse los, das gibt einen Knall!
Es strengt mich alles so sehr an, auch wenn
ich wollte bin am Ende, dass ich wirklich
nicht mehr kann!

Beim Fall nicht mehr bremsen
Auf die Gefahr, dass die Gefahr ausbleibt
Ich bin längst eh schon gegangen, von mir
selbst entfernt solange Zeit!

Depression, psychisches Leid!
Vergangenheit ist was aber trotzdem bleibt
Ich wünschte, das was vergangen wäre –
Auch endlich mal vergangen bleibt!

Desinteressiert

Jeden Tag die gleichen Songs im Radio
Täglich aufs Neue das Altbekannte!
Immer wieder am selben Platz –
Von dem ich doch wegrannte!

Meine Gedanken, sie gleiten in die Freiheit
Vom Morgen, vom Dunklen
Über den Tag in die Helligkeit
Nie endender Traum vom Freisein

Ich bin nicht faul
Und auch bin ich nicht desinteressiert
Ich suche bloß was mir Spaß macht!
Des is' was mich interessiert!

Wohl zu viel verlangt – die Berufung zu
finden und sie auszuüben!?
Wenn ich fortlauf' – wie weit ist denn nach
noch drüben!?

Blog an Gott – Schwere Zeit

Wieder ma' wende ich mich an dich
Mir geht's mies und bekackt!
Wahrscheinlich übersiehst du das auch nich!
Wieder ma' bin ich am Punkt ganz unten
angekomm'
Aufgeschlagen mit der Nase, auf'm harten
Beton!

Bei den ganzen Baustellen und Regeln
Bei all den Staustellen im Regen –
Wieder ma' nich so lang' zu dir gesprochen
Wie so vieles, einfach vergessen im Leben!

Ma' wieder weiß ich net wohin mit mir und
mit meinen Sorgen –
Und dem mies-beschissenem Gefühl, das sich
weigerlich nur freut auf Morgen!

Wieder ich schreibe ich ma' Zeilen in dem
Blog an Gott –
Sicher haste besseres zu tun, als ma' wieder
zu hören von mir un' mei'm Schrott!?

Vielleicht haste auch keine Zeit
Oder auch keinen Bock
Kann's dir nich ma' verübeln
Weil ich mich selbst ja schon ankotz!

Immer wenn's mir kacke geht
Und mir zum Heulen zumute is'
Immer dann, verdammt ja –
Dann wende ich mich an dich!

Ja ich weiß, man nein –
Das is' net fair!
Aber all die Menschen hier
Machen mir mein verficktes Leben schwer!

Dann weiß ich net wohin
Und ich fühle mich so kaputt und einfach leer
Un' jetzt denkste bestimmt –
Jetzt kommt er wieder meckernd hierher!

Sind wir wirklich alle dein Schäfchen?
Haste für uns alle gleichermaßen Zeit?
Wie du siehst kann ich alleine gehen,
doch breche hin und wieder auch ma' ein!

Manches raubt mir Kraft an meinen Tagen
Doch will net heulen und eigentlich auch net
klagen! Ach verdammt! Entschuldige, aber
was soll ich denn noch sagen?

Entgleiste Freude

Man schaut in fast
Nur noch entgeisterte Gesichter
Der Zug schon lange abgefahren
Entgleiste Freude, erloschene Lichter

Der Lebenswille in Not
Alarmsignale alle auf Rot!
Freude verloren, auch Sinn und Verstand
Wie niemals erst geboren!

Das Leben in der –
Jungfräulichkeit verkommen!
Leben zu Ende
Es hat nicht einmal begonnen!

Die dunkle Seite

Für die dunkle Seite in uns
Dunkle Dichtkunst –
Spezielle Seiten, Gedankenstörung
Seltsame Gefühle

Auf der Suche nach dem Ursprung,
woher diese Schattenmomente kommen
Ich schreibe dagegen, so hat mein Kampf
gegen sie begonnen!

Ich texte diese negativen Zeilen
Sie sind nicht schön, aber sie heilen!
Schaffen Klarheit in der Dunkelheit
Wirds mir zu viel, schreibe ich bis hier soweit

Vielleicht kannst du mich verstehen
Siehst in welche Richtung diese Zeilen gehen
Befreiend, wenn ich so schreiben kann
Ich lasse es raus und atme dann!

Gestauter Frust, gefühltes Leid
War vollgepackt, doch dies befreit!
Wie gesagt, es klingt alles nicht schön
Doch wichtig ist, wird mir wieder besser gehn

Blog an Gott - Zeichen

Warum könnt' ich, wenn ich glücklich bin –
Jedes Mal denn weinen? Gott stellst du meine
Weichen, liest du meine Zeilen, schickst du
mir nach hier unten Zeichen!?

Manchmal habe ich Freude –
Doch trotzdem kullern Tränen
Menschen die schon gingen,
hier aus diesem Leben in ein anderes

Das Vermissen, es nimmt manches Mal
Die Luft zum Leben
Doch sind sie nicht vergessen, ich glaube
daran, dass wir uns eines Tages wiedersehen!

Dann kommt die Freude und auch die Trauer
doch zugleich
Als trage ich heute einen andauernden,
bunten, farbenfrohen Lebensschein!

Ich vermisse die, die schon gingen
An den Tagen bin ich leer und mir ist kalt!
Gefühlter eisiger Regen mitten im Sommer!
Mach's gut Leben – hoffentlich bis bald!

Da is' so viel in mir los
Alles quer in meinem Kopf verteilt!
Sortieren fällt dann schwer
Denn es kommt noch mehr dabei!

Dies hier ist ein –
Weiterer Blog an Gott!
Ich bitte dich um ein Zeichen
Ums Seelenheil, bitte lass es mich erreichen!

Danke!

BONUS-MATERIAL

Hat den Anschein
Geprüft! Erfolgreich gescheitert!
Auf den Straßen
Linksblinkende Euphorie
Fehlerquellen
Was willst du werden!?
Ruck-Zuck!
Personaldienstleistung

Hat den Anschein

Städtereisen
Neue Dinge sehen
Industrie und Büro
Da bin ich am Eingehen!

Ich brauche Abwechslung
Muss kreativ sein!
Will einfach nur gern schreiben
Zu viel verlangt!? – Hat den Anschein

Ich kenne mein Leben
So wie es schon immer ist!
Ich muss etwas anderes tun
Was Neues finden, was nicht frustrierend ist

Ich habe keinen Bock mehr!
Dies zu verstehen, fällt anderen zu schwer!
Dabei ist es doch kinderleicht
Habe genug erlebt in meiner Zeit!

Gib mir einen Grund –
Für ein riesengroßes Feuerwerk
Für ein großes Spektakel
Frei sein, das ist für mich akzeptabel!

Geprüft! Erfolgreich gescheitert!

Dokumentation, zu Protokoll
Aktenunterlagen – unvollständig, na toll!
Screenshots aus Programmdateien
20 Fälle, 260 Bilder, viel Spaß dabei!

Spezifikation, Medikation
Anamnese –
Verwalte dich dumm und dämlich
Deutschlands Verwaltungsthese

Ausschuss-Gremium – Härteprüfung
Sonderfälle – Burnout Deluxe, Premium
Datenwald, digitale Flutwelle
Hier wirst du bescheuert, aber auf die Schnelle!

Aufnahme, Diagnose
Regel-nonkonform – außer der Norm
Erschienen, abgelegt, befundet, Ergebnis
Vorgeführt und für dumm gehalten, welch ein Erlebnis!

Ab zur Statistik, genau hinsehen
Was nicht passt, wird passend gemacht mit Trick 17
Referenzen, Toleranzen
Mengengrenzen, Stichprobetanzen

Auf den Straßen

Sitze mal wieder hier
Vergeude meine wertvolle Zeit
Musiker auf Straßen, Künstler auf Covers der Magazine
Ich kriege wieder mal nur, was übrig bleibt!

Vögel ziehen vorbei
Studenten in den Parks genießen die –
Frühling-Sommer Übergangszeit, ich falle immer tiefer
Haltlos, in den Sumpf aus meinem Leid!

Die Freizeitgestaltenden sitzen im Park
Auf der Bank und genießen ihr Bier
Sitze wieder 8 Stunden auf der Maloche
Das ist mein „Traumleben" hier!

Ich sehe die Gesellschaft
Die Einen knechten und schaffen
Während es sich die Bestimmenden
Verdammt gut gehen lassen!

An den Arbeitsplätzen auch nix Neues!
Schuldzuweisungen darum geht's
Bloß keine Fehler eingestehen
Wie sieht's aus bei dir, wie steht's!?

Linksblinkende Euphorie

Schnauzenvoller Tag
Linksblinkende Euphorie zieht vorbei
Fährt dem Frust auf und davon
Stressbeladene Fahrtstreckenzeit

Sonnenaufgehende Laune
Randvoller mit Strohhalm-gesteckter Seitenblick
Meeresduft-untergehender Sternengang
Rettungsgasse Richtung Freiheit und nicht mehr zurück

Heute mal Mensch sein
Maske mal nicht tragen
Fragen offen lassen und zum Rest
Nichts weiter sagen!

Fenster auf zum Rausspringen
In den halben Meter drunter-befindenden Sandkasten
Laune sammeln für die
„Party zum Ausrasten"!

Bedenkenloser rauschverschmierter Rotwein
In dem Moment verteilt
Auf die guten alten Bilder im –
Fotoapparat für alle Zeit!

Fehlerquellen

Hochsicherheitstrakt
Konfiguration alles exakt!
Mehr als hypergenau
Datenexport-Import – Supergau!

Indikation, Korrelation
Injiziert, vorliegend durchgeführt!
Ziel erreicht oder fehlgeschlagen
Protokolliert, signiert – der Fall begraben!

Alles streng überwacht
Kontrolliert, zertifiziert
Alles auf Echtheit geprüft
Modifiziert und verifiziert

Bloß keine Fehlerquellen
Übergenauigkeit feststellen!
Ausrichtung bis zum letzten Grad
Da ist mein Job, jeden Tag!

Justieren und skalieren
Höchstes Know-How
High Quality Definition
Level up – Classification!

Was willst du werden?

Jeden Tag nagt es an mir
Ich tue etwas, was ich nicht will
Es ist doch mein Leben
Doch fühle ich so, als ob ich es nicht bin

Was ist das für ein Leben?
Abfinden und innerliches Sterben!
Keine Zeit, meinen Traumberuf auszuüben
Warum die Frage: „Was willst du werden"!?

Als Kind immer die Frage
Was willst du später einmal arbeiten?
Stahlindustrie, Zeitarbeit, Bildungszentren
Festgestellt, es ist meine Zeit verschwenden!

Man machts nur für die scheiß Kohle
Lebensunterhalt bestreiten
Krank werden – scheißegal
Beschwere dich nicht! Los, arbeiten!

Immer dieses so tun, als ob alles gut wäre
So stupide und beschissen, wenn die Gesellschaft bloß echt
wäre! Verlogen und scheinheilig!
Jeder denkt nur an seine Vorteile!

Ruck-Zuck!

Heut'
Bleibt nicht mehr viel Zeit
Du musst sehen, verstehen können
Dich dran begeben!

Alles knallt dir um die Ohren
Informationen die durch dich bohren!
Weit drüber hinaus übers Burnout!
Du kannst nicht raus aus deiner Haut!
Es geht nur ruck-zuck!
Schnell, schnell – hau ruck buff!
Alles fährt in dich hinein
Bist der Bahnhof, es kommt Zug für Zug!

Kopf ist mehr als randvoll
Die Gedanken sie wollen ziehen!
Doch der Körper ist gefesselt
Keine Chance zum Fliehen

Bleibt nur, seine Wege, seine Wunden zu verstecken
Wird erwartet zu funktionieren, also mehr einstecken!
Wir leben alle unter Menschen, aber wer ist hier noch
Mensch? Du, ich, er, sie – sag wer? Mensch sein fällt doch
echt schwer!

Personaldienstleistung

Es war ein heißer Sommertag
Sonne knallte bei 38 Grad
Ich fuhr mit dem Kollegen zur Spätschicht
Im dicken Baumwollpulli, dacht mir – der spürt nichts!

Den Pulli trug er schon wochenlang
Dem Zustand des Pullis, sah man es schon an!
Bei der Autofahrt, mein Fenster ganz unten
Bei der Bitte seines zu öffnen, hat er Ausreden gefunden!

Der Mann war 35 Jahre alt! Bei der Abholung Zuhause,
hinter der Tür verscharrt - Entlassen wurde er nach
keiner Stunde Arbeitszeit – Am nächsten Tag auf der
Straße sagte er, wenn er wieder Arbeit sucht, dann kommt
er wieder vorbei
Doch aktuell suche er keine
Er zog im Baumwollpulli wieder Leine!

Ein anderer Kollege, er stand da in Unterhose
Mitten im Büro, an der Eingangstür
Er könne nicht zur Arbeit –
Sturz vom Roller, im Winter – er könne nix dafür!

Ein anderer Kollege hat in die Hose gemacht
Denn der Vorarbeiter, hat den Toilettengang untersagt!
Die Teile würden sonst von der Maschine fallen
So hat er krampfhaft versucht es einzuhalten!

Aber beim Bücken dann
Lief es bis in die Socken!
Dies erzählte er ganz genau
Sehr nüchtern und auch trocken!

Ein Tag als Leiharbeiter
Dieser war munter und heiter!
Der eine Kollege mürrisch, aggressiv
Erzählte mir, wie es in dem Laden lief!

Kollegen seien Mistgeburten
Der Vorgesetzte sogar extrem!
Er sei eine richtige Mistgeburt, soll man nicht erschießen
Sondern Rattengift geben!

Nachmittags im Büro
Den Augen kaum zu trauen, doch habe es gesehen
Ließ ein Kollege die Hose herunter
Man müsse seine blauen Flecken sehen

Ein Kollege in der heißen Eisengießerei
Hatte die Hände ganz verbrannt
Geschissen auf die Arbeitssicherheit
So hat er sich 3-Paar Handschuh nun draufgespannt!

Bei der Maschinenvorführaktion
Gab es Gelächter, die Attraktion!
Maschine krachte, Maschine zischte
Meisters Puls der stieg, rot in seinem Gesichte

Scheiße, scheiße, das sagte er
Obwohl er wusste, dass der Stahl garantiert bricht
Das sind Geschichten aus der Zeitarbeit
Über die man da draußen nicht spricht!

Nichts wird davon erzählt oder berichtet
Doch Christian Hofmann hat's erlebt und drüber gedichtet!
Erlebnisse aus der Zeitarbeit
Unvergessen bleibt diese Zeit!

Personaldienstleister
Abzocker und moralische leere Wesen – es sind Betrüger
Alle wissen es
Aber verdammt nochmal, keiner spricht darüber!!!

Liebe Leserinnen und liebe Leser,

vielen Dank, dass Sie sich für dieses Buch entschieden haben.

Hin und wieder, bei gesellschaftskritischen Texten neige ich dazu – meine Texte erklären oder rechtfertigen zu wollen. Dabei weiß ich, niemandem muss ich meine Texte erklären!

Jedoch ist es so, wenn ich dies tue, finde ich meinen eigenen Frieden und mein Wohlgefühl dabei. Klingt vielleicht etwas seltsam, aber dennoch ist es so.

Vielleicht ist es auch, einfach der Wunsch und dass ich Sie liebe Leserinnen und liebe Leser mit meinen Gedanken und Vorstellung zu gern erreichen möchte.

Ich wünsche Ihnen eine gute Zeit, alles Gute bis zur nächsten Reise.

Herzliche Grüße

Christian Hofmann

Der Autor Christian Hofmann, geb. am 05.03.1986 in Biedenkopf bei Marburg, lebt im hessischen Marburg an der Lahn.

Dieser Band ist aus seiner Entgegen der Zeit-Reihe und beinhaltet gesellschaftskritische Texte!

Wie er selbst schon immer seine Persönlichkeit beschreibt, ist der Autor ein Gesellschaftskritiker und scheut sich vor keinem Thema oder einer Auseinandersetzung!

„Denn das Schreiben befreit mich - und was mich einengt, bekommt meine Worte zurück!
Christian Hofmann